Schon die „Kleinen" verstehen beim Vorlesen die **spannenden Geschichten** um das Wiesel. Aber auch im Lesealter wecken sie Interesse, denn die „Großen" können sie mit eigenen Erlebnissen vergleichen und so ihre Erfahrungen verarbeiten.

Den Hintergrund der Verkehrsgeschichten bilden **Erkenntnisse der Pädagogik,** zum Beispiel:
- Mit Paul und Anna oder auch Franca und Olli kann sich ein großer Teil der angesprochenen Kinder identifizieren.
- In der dargestellten Wohnumgebung – Klein-, Mittelstadt oder städtische Siedlung – finden viele Kinder Bekanntes aus ihrer Umgebung wieder.
- Kinder lieben das Spannungsfeld zwischen Realität und Fantasiewelt, in der das geheimnisvolle Wiesel steht. In seiner Beschützerrolle kann es vermitteln, was Verantwortung und Sorge um Gefährdung von Kindern und Umwelt bedeutet.

Für zwei ganz entscheidende Fragen halten wir uns in diesem Buch an **neue Erkenntnisse der Verkehrspädagogik:** Was bedeutet „Straßenverkehr" für das Kind? Und wie soll ihm „Straßenverkehr" vermittelt werden?
Verkehr ist ein wichtiger Lebensbereich. „Auto" ist für viele Kinder nach „Mama" und „Papa" eines der ersten erlernten Wörter. Straßenverkehr ist für ein Kind faszinierend und manchmal verwirrend und beängstigend zugleich. Und so muss er vermittelt werden: Ein selbstverständlicher Teil unseres Lebens, aber ein Bereich, der manchmal schwer zu bewältigen ist und in dem auch Grenzen und Verbote gelten.

Um eine Aufgabe zu bewältigen, brauchen Kinder – auch im Straßenverkehr – **Selbstvertrauen.** Die Erkenntnis „das kann ich" ermutigt und verleiht Selbstsicherheit, aus der Sicherheit erwächst.
Genau so wichtig ist es, dem Kind die **Einsicht** zu vermitteln, was es (noch) nicht kann. (Jedes Kind sieht ein, dass es nicht über ein Auto hinweg schauen oder eine stark befahrene Straße allein nicht überqueren kann.) Solche Einsichten helfen, dass Kinder bereit sind **Grenzen** zu akzeptieren: wo sie nicht hingehen, nicht spielen, nicht Rad fahren dürfen.

Das **DEGENER Verkehrs-Erlebnisbuch** soll **Begleiter** Ihres Kindes sein – vom ersten Alleingang in der Wohnumgebung bis zum routinierten Bewältigen der täglichen Wege.
Mit den Geschichten vom gemeinsamen Begehen des Schulwegs, dem Ausprobieren der Sicht vom Fahrersitz u.ä. werden wir Erwachsenen immer wieder zum Mitmachen aktiviert werden.

Ihr DEGENER-Team

Text: Martin Steinmann
Illustrationen: Rosemarie Tobinski
„Anna & Paul und das Geheimnis des Wiesels"

© 2002 DEGENER Lehrmittel GmbH

Alle Rechte vorbehalten. Jede Verwertung ohne Zustimmung
des Verlages verstößt gegen das Urheberrecht und wird gerichtlich verfolgt. Das gilt insbesondere für Vervielfältigungen jeder
Art, Übersetzungen, Mikroverfilmungen und die Einspeicherung
in elektronische Systeme einschließlich Weiterverarbeitung.

Redaktion: Claudio Pescara, Bettina Kröger, Angelika Ulrich
Fotos: Rainer Funke
Gestaltung: Carsten Fuß

Druck: Benatzky Druck & Medien GmbH
Printed in Germany

DEGENER Lehrmittel GmbH
Ikarusallee 34
30179 Hannover
Tel. (05 11) 9 63 60-0

CIP-Kurztitelaufnahme der Deutschen Bibliothek
Steinmann, M., Tobinski, R.:
Anna & Paul und das Geheimnis des Wiesels
1. Auflage
Hannover: Degener Lehrmittel GmbH, 2002 – Artikel-Nr. 17001
ISBN 3-936071-12-8
Ein Verkehrs-Erlebnisbuch zum Mitmachen

Anna & Paul und das Geheimnis des Wiesels

Ein Verkehrs-Erlebnisbuch zum Mitmachen

erzählt von Martin Steinmann
mit Bildern von Rosemarie Tobinski

Markus Baumann
Sonja Baumann
Anna Baumann
Paul Baumann
Franca, Pauls Freundin
Oliver, der Raser
und das...

Verlaufen

„Hey, sieh mal", Paul stupst seine Freundin Franca an und zeigt aufgeregt zu der Birke am Ende des Heckenwegs. Da sitzt ein braunes Tier und schaut direkt zu ihnen herüber. „Oh, wie süß", ruft Franca, „es trägt einen gelben Rucksack und ein Halstuch." „Das ist ein Wiesel", flüstert Paul. Er kennt es aus seinem Tierbuch.

Die beiden schleichen sich vorsichtig heran. Das Wiesel sitzt auf seinen Hinterbeinen und seine kleine Nase schnüffelt aufgeregt hin und her. Paul und Franca kommen näher – doch plötzlich huscht es davon. „Komm wir laufen hinterher", Paul saust den Heckenweg entlang. Franca rennt ihm nach. „Da ist es, auf der anderen Seite der Straße!", ruft Franca und sie laufen über die Straße, ohne nach links und rechts zu sehen. Paul sieht einen braunen Schwanz im Gebüsch verschwinden, aber als sie an der Stelle ankommen, ist kein Wiesel zu entdecken. Sie rennen aufgeregt die Straße entlang. Unvermittelt bleibt Franca stehen: „Wo sind wir eigentlich?"
„Ich weiß auch nicht", grübelt Paul, „hier war ich noch nie."
Sie schauen vorsichtig über eine Gartenhecke. Da steht Frau Weber.
„Na, ihr beiden, was habt ihr denn hier verloren?" „Wir haben uns verlaufen", antwortet Franca. „Na, dann kommt mal in den Garten", lädt Frau Weber die beiden ein. Paul kennt Frau Weber vom Einkaufen mit Mama. Plötzlich entdeckt Paul in Frau Webers Garten das Wiesel. Wieder schaut es herüber. Es hält eine kleine gelbe Tafel mit Knöpfen in den Pfoten. Als Paul gerade Franca antippen will, saust das Wiesel wieder davon.

Abends sitzt Paul mit Mama, Papa und Anna beim Essen. Anna ist Pauls ältere Schwester und mächtig klug. Denn sie ist schon acht Jahre alt und kommt bald in die dritte Klasse. Paul kann jetzt endlich von dem Wiesel mit dem Rucksack und der gelben Tafel berichten. Anna erzählt dann, wie es weiterging: „Frau Weber hat angerufen und gesagt, dass Paul und Franca bei ihr sind und nicht nach Hause finden."

Da habe ich geantwortet, ich hole die beiden ab. Frau Weber hat mir gesagt, wo sie wohnt – im Jahnweg. Ich weiß ja, wo der ist. Franca habe ich gleich nach Hause gebracht."
„Das hast du prima gemacht, Anna", lobt Papa, „aber woher kennt denn Frau Weber unsere Telefonnummer." Da zeigt Paul stolz, was er um den Hals trägt: „Das habe ich mit Mama gebastelt." „Das ist ja eine gute Idee", findet Papa, „aber trotzdem musst du langsam unser Wohnviertel kennen lernen. Was haltet ihr davon, wenn wir am Wochenende alle zusammen einen Spaziergang durch unser Viertel machen?" „Au ja", ruft Paul begeistert, „vielleicht sehen wir dann das Wiesel wieder!"

BASTEL-TIPP!!

Wenn du umblätterst, siehst du Hainstedt.
Hier wohnen alle Kinder und Erwachsene, die du in diesem Buch kennen lernst.
Du findest auch die Straßen und Plätze, von denen erzählt wird.
Das Haus von Familie Baumann in der Gartenstraße befindet sich auf der ausklappbaren Seite.

Pauls Geburtstag

Heute hat Paul Geburtstag. Er ist ganz furchtbar aufgeregt und steht mit großen Augen vor seinem Geburtstagstisch. Anna hat ihm eine Geburtstagskarte mit einem Nilpferd gemalt und neben der Torte mit den sechs Kerzen liegt ein richtig großer Fußball. „Au, toll!", strahlt Paul, „dann kann ich mit meinen Freunden heute Nachmittag gleich auf den Spielplatz gehen."

Paul schnappt sich den Ball und rennt hinaus. Er legt den Ball vor die Garage, nimmt Anlauf und donnert ihn gegen das Tor. Anna kommt dazu und ruft: „Paul, du weißt doch, was Papa gesagt hat. Wir sollen nicht vor der Garage Ball spielen." Doch da nimmt Paul schon wieder Anlauf. Er schießt den Ball an die Kante der Garagenmauer, der Ball prallt zurück, fliegt quer über die Einfahrt und hüpft in großen Sprüngen über den Gehweg auf die Straße. Paul rennt hinterher. „Oh, mein neuer Ball" denkt er. Ein großer Möbelwagen fährt auf den Ball zu. In diesem Augenblick sieht Paul wie das Wiesel hinter einer Hecke hervorspringt. Es stellt sich auf die Hinterbeine und zeigt mit erhobenen Vorderpfote zum Möbelwagen. Paul stutzt und wird ein bisschen langsamer. So kann Anna ihn gerade noch vor dem Bordstein einholen und festhalten.

Dann qietschen die Bremsen und Paul hält sich die Augen zu. Mit einem Knall prallt der Ball von der Stoßstange des Möbelwagens ab. Als Paul wieder hinschaut, biegt der Möbelwagen gerade in die Gutenbergstraße ein. Aber vom Ball ist nichts mehr zu sehen, „Mein Ball ist weg," heult Paul.

Anna will ihn trösten und zum Glück kommt gerade Papa angefahren. Er hat den Ball schnell gefunden und zeigt ihn Paul: „Schau mal, dem ist gar nichts passiert, der ist noch völlig rund. Aber dein Ball will dir etwas sagen", und mit verstellter Stimme spricht Papa weiter: „Mir kann so leicht nichts passieren. Ein Ball prallt vom Auto ab oder rollt drunter durch. Aber ich hatte so Angst um dich, Paul. Versprich mir, dass du nie wieder hinter mir her auf die Straße rennst."

Nachmittags geht Papa mit Paul und seinen Freunden auf den Spielplatz, wo sie vergnügt und ungestört herumtoben können. Nur einmal beim Fußballspielen schießt Olli den Ball so weit, dass er in hohem Bogen auf die Gartenstraße fliegt. Franca will gleich hinterher rennen, aber Paul ruft: „Halt! Bleib stehn!"

Jetzt sollen alle üben, dem Ball nicht hinterher zu rennen, wenn er auf die Straße rollt. Deshalb hat Papa sich ein Spiel ausgedacht. Er zeichnet einen dicken Strich als Bordstein in den Sand. Dann werfen sie sich den Ball zu. Wer ihn nicht fängt, muss ihm nachrennen – aber sofort stehen bleiben, wenn der Ball über den Bordstein-Strich rollt.

„Das war ein toller Geburtstag", sagt Paul beim Abendessen und schläft schon fast ein.

Das Spiel von Herrn Baumann (Pauls Papa) kannst du mit Geschwistern oder Freunden auch spielen. Aber auf einem Platz weit weg von der Straße.

Spielen und Radfahren - aber wo?

„Mama! Paul!", ruft Anna begeistert, „kommt her, Papa ist früher nach Hause gekommen. Wir können vor dem Abendbrot noch zum Sportplatz gehen und den Skatern zuschauen!"
In der Wiesenstraße spielen Kinder vor einem Haus. Ihre Mutter ruft aus dem Fenster: „Aber spielt hier nicht mit dem Ball!" „Das ist ja wie bei uns", sagt Anna. „Papa", fragt Paul, „warum dürfen wir denn vor dem Haus nicht Ball spielen?" Bevor Papa antworten kann, sagt Anna: „Du, Dummie, damit dir nichts passiert! Weißt du noch – letztes Jahr wie Olli beim Fußballspielen vor ein Auto gelaufen ist. Da musste ihn der Rettungswagen ins Krankenhaus bringen. Und danach hatte er noch wochenlang einen Gipsverband am Bein."
Mama erklärt Paul: „Siehst du, wenn du voll mit dem Spiel beschäftigt bist, kannst du nicht gleichzeitig aufpassen – zum Beispiel auf Autos. Deshalb darfst du manche Spiele nicht neben einer Straße spielen. Was meinst du, welche Spiele kannst du gut vor dem Haus machen? Und was kannst du nur bei Franca im Wilhelmshof spielen?" Paul denkt nach und dreht seine Mütze hin und her.

Du kannst Paul helfen. Welche Spiele dürfen die Kinder an der Straße spielen?
Klebe die richtigen Spiele vom Bastelbogen in die freien Felder unter dem Foto.

Schneide die Fußgänger und Radfahrer vom Bastelbogen aus. Wo müssen sie gehen oder fahren? Klebe sie auf die richtigen Wege.

Gehweg und Radweg nebeneinander. Fußgänger dürfen nicht auf dem Radweg gehen.

Gemeinsamer Weg für Fußgänger und Radfahrer. Aufeinander Rücksicht nehmen.

Welche Spiele dürfen die Kinder im verkehrsberuhigten Bereich spielen? Klebe die richtigen Spiele vom Bastelbogen in die freien Felder unter dem Foto.

Am Jahnweg zeigt Anna auf ein rundes blaues Schild. „Paul, was ist das für ein Schild?" Paul ist verärgert. „Bäh, bloß damit du wieder Dummie sagen kannst!" Papa nimmt beide an die Hand und sagt: „Ich habe eine Aufgabe für euch beide. Schaut euch dieses Schild genau an. Dann gehen wir zur Bahnhofstraße. Dort steht auch so eines. Mal sehen, ob Paul den Unterschied erkennt und ob Anna weiß, was beide Schilder bedeuten."

Weißt du es auch? Dann klebe die Schilder in die Bilder auf der nächsten Seite ein. Du kannst den Verkehrskreisel zu Hilfe nehmen!

„Papa", fragt Anna, „Paul und ich sollen doch auf dem Gehweg fahren? Was ist, wenn ein Radweg da ist?"

„Kinder unter 8 Jahren dürfen nur auf dem Gehweg fahren. Denn das ist am sichersten. Sie dürfen nicht auf der Straße und auch nicht auf dem Radweg fahren."

Mama schaut auf die Uhr und sagt: „Es ist bald Zeit zum Abendessen. Ihr wollt doch noch den Skatern zuschauen." „Jaaa, zu den Skatern!", rufen Paul und Anna und rennen voraus zur Skateranlage.

Der Warnschrei

Anna hat ihrer Freundin Aischa ein Buch vorbeigebracht und Paul wollte unbedingt mitkommen. Jetzt gehen sie gerade durch den Heckenweg nach Hause. RINGGG!! DRINGGG!! Da kommt Olli mit seinem Mountainbike angerast. Mit quietschenden Bremsen stoppt er vor ihnen. Paul wäre vor Schreck fast auf die Straße gestolpert.

Aber Anna hat ihn noch schnell zur Hecke gezogen und sagt: „Nie zum Bordstein ausweichen!" „Warum nicht?", fragt Paul. Aber Anna antwortet nicht, sie schaut verträumt hinter Olli her, der schon mit rutschendem Hinterrad in die Gartenstraße einbiegt. Plötzlich fuchtelt Paul wild mit den Armen und zerrt an Anna herum: „Schau Anna, dort, das Wiesel!" Er rennt sofort in Roths Ausfahrt, beugt sich zu der Lücke im Holzstapel und späht hinein: „Das Wiesel ist hier reingeschlüpft!", ruft er. In diesem Moment fährt ein Auto rückwärts aus der Garage auf Paul zu. Anna steht starr vor Schreck. Da sieht sie, wie das Wiesel aus seinem Versteck zu dem Holzstapel flitzt, sich aufrichtet und einen schrillen Schrei ausstößt. Paul schreckt auf und das Auto hält an. Ein Mann steigt aus und raunzt ihn an: „Was machst du denn hier? Das ist gefährlich in der Ausfahrt. Ich konnte dich ja gar nicht sehen." „Als er wegfährt, mault Paul: „Der hat wohl Tomaten auf den Augen!"

Am Mietshaus, in dem Franca wohnt, kommt ihnen Daniel entgegen. Daniel sitzt im Rollstuhl. Er ist schon vierzehn und bastelt gern an technischen Geräten herum. Paul und Anna stellen sich dicht an die Hauswand, damit er gut vorbeikommt. „Hey", ruft Anna, „wie geht's?" „Prima", sagt Daniel, „ich habe übrigens deinen Kassettenrekorder repariert, es war nur ein Schalter kaputt. Jetzt kannst du wieder deine Märchenkassetten hören." „Märchen?" Anna will protestieren. „Das Wiesel ist aus seinem Versteck gekommen und hat mich vor dem Auto gewarnt!" platzt Paul dazwischen. „Und was ist das für ein Märchen?", fragt Daniel lachend. „Es war wirklich ein Wiesel da", denkt Anna, „das Wiesel ist gerade in dem Moment herausgekommen, als Paul in Gefahr war. Und Paul hat gar nicht geflunkert, das Wiesel trug tatsächlich einen Rucksack und hatte so was Ähnliches wie einen kleinen Computer um den Hals hängen." Nachdenklich schaut Anna ihren Bruder an.

Achtung! Häufig sind Kinder hinter einem Auto vom Fahrer schlecht zu sehen!

Ein Riesenschreck

Paul, Anna, Franca und Olli wollen zusammen auf den Spielplatz gehen. „Ich hole nur noch schnell meinen Ball", ruft Paul und flitzt zurück ins Haus. Als er wiederkommt, sind alle weg. „Eh, die sind gemein, sind einfach losgegangen", grummelt Paul.
Aber dann entdeckt er die drei auf der anderen Straßenseite. „Wartet doch", ruft Paul vom Haus herüber, aber sie hören ihn nicht. Wütend schlägt er die Haustür zu und rennt über die Einfahrt auf den Gehweg.

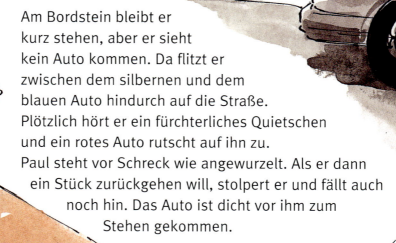

Am Bordstein bleibt er kurz stehen, aber er sieht kein Auto kommen. Da flitzt er zwischen dem silbernen und dem blauen Auto hindurch auf die Straße.
Plötzlich hört er ein fürchterliches Quietschen und ein rotes Auto rutscht auf ihn zu.
Paul steht vor Schreck wie angewurzelt. Als er dann ein Stück zurückgehen will, stolpert er und fällt auch noch hin. Das Auto ist dicht vor ihm zum Stehen gekommen.

Die Autofahrerin, Frau Jost, ist sofort aus dem Wagen gesprungen. „Junge, ich habe dich viel zu spät gesehen, Gott sei Dank, dass dir nichts passiert ist!"
Anna, Olli und Franca sind herbeigeeilt und auch Mama ist aus dem Haus gestürzt und nimmt Paul gleich in den Arm. Paul muss jetzt erst mal weinen und auch Anna ist ganz verstört: „Es tut mir Leid, dass ich nicht auf Paul gewartet habe", schluchzt sie. Paul jammert: „Aber ich hab doch am Bordstein geguckt."
„Ja, mein Spatz", beruhigt Mama, „aber du konntest das Auto von Frau Jost nicht sehen."
„Warum denn nicht?", fragt Anna.
„Das zeigen Papa und ich euch morgen."

Hier kannst du das Größen-Experiment durchführen:
– Schneide vom Bastelbogen das blaue Auto aus.
– Klebe es mit der vorgesehenen Lasche an die markierte Stelle.
Jetzt kannst du das Auto umklappen und genau erkennen, wie groß die Kinder im Verhältnis zum Auto sind.

BASTEL TIPP !!

Der Tschüss-Auto-Trick

Am nächsten Abend will Papa den Kindern zeigen, warum Paul das Auto von Frau Jost nicht sehen konnte. Mama, Papa, Anna und Paul gehen nach draußen an die Straße. Auch Franca und Olli, die noch vorm Haus spielen, kommen neugierig dazu. Papa fährt mit seinem Auto ein Stück auf der Straße zurück.

„So ähnlich war es gestern", erklärt Mama. „Als Paul über die Straße wollte, musste er zwischen zwei geparkten Autos durch." Mama fordert die Kinder auf, sich alle an den Bordstein zu stellen. Und tatsächlich, sie können Papas Auto nicht sehen – außer Olli, aber der ist auch ein Stück größer als die anderen.

„So Paul, jetzt bist du der Fahrer", sagt Papa und legt zwei dicke Kissen auf den Fahrersitz. Paul krabbelt oben drauf und sitzt merklich stolz hinter dem Lenkrad. Inzwischen stellt sich Franca zwischen die beiden Autos. Und wirklich, Paul kann Franca nicht sehen. Paul sieht nur ihre kleine Hand, als sie diese vorstreckt.

Natürlich dürfen Anna, Franca und Olli auch mal auf den Fahrersitz. Sie können Paul nicht sehen, der jetzt zwischen den Autos steht. Während Papa das Auto wegfährt, überlegt Mama mit den Kindern, was sie jetzt machen können, damit so etwas wie gestern nicht noch einmal passiert.

„An einer Stelle über die Straße gehen, wo keine Autos parken", meint Olli. „Das ist sicher die beste Lösung. Aber was tun, wenn überall Autos parken – so wie hier?", fragt Mama. „Ich habe da in der Schule einen Trick gelernt", sagt Anna, „den Tschüss-Auto-Trick." Der geht so:

 **1.**

Du gehst zwischen den Autos vor.

2.

Dann legst du eine Hand an den Scheinwerfer oder das Rücklicht, ganz leicht, und sagst „Hallo Auto".

 **3.**

Jetzt den Kopf vorstrecken und nach links und dann nach rechts schauen. So siehst du die ganze Straße.

4.

Und die Hand bleibt am Auto, damit du nicht zu weit vorgehst und nicht einfach losrennst.

 **5.**

Erst wenn die Straße frei ist, lässt du los und sagst: „Tschüss Auto".

Als Anna abends Altpapier an die Straße legt, fällt ihr das Wiesel auf. Es hockt unter einem geparkten Auto. Mit seinem Schwanz berührt es ein Rad, den Kopf streckt es weit vor. Es schaut nach links und nach rechts und trippelt dann seelenruhig über die Straße. „Ist ja irre!", denkt Anna, „das Wiesel kann den Tschüss-Auto-Trick. Das muss ich Paul erzählen."

Pauls Schulweg

Da Paul bald in die Schule kommt, soll er rechtzeitig seinen Schulweg kennen lernen. Jetzt am Wochenende wollen Mama, Papa und Anna mit Paul den Weg zur Schule mal abgehen. Anna kennt den Weg natürlich schon lange, aber es macht ihr trotzdem Spaß, weil sich Mama und Papa ein kleines Spielchen ausgedacht haben.

Es ist das Tauschspiel. Paul ist jetzt Papa und Papa ist Sohn Markus. Anna ist jetzt Mama und Mama ist Tochter Sonja. An der Einmündung zur Gutenbergstraße sagt also Papa Paul zu seinem Sohn Markus: „So, hier bleiben wir stehen. Jetzt musst du mal gucken und horchen, ob ein Auto kommt." Weiter ermahnt er seinen Sohn: „Auch nach hinten schauen, Markus! Da blinkt einer, der will hier abbiegen. Er hält an, jetzt können wir gehen." Mama lobt Paul: „Das hast du gut gemacht!" „Klar", sagt Paul stolz, „Markus muss das doch richtig lernen."
Nun kommen sie an die Druckknopfampel in der Friedrichstraße. Die zeigt Rot und sie warten geduldig. Schließlich sagt Papa mit hoher Kinderstimme: „Darf ich drücken?" Da merkt Paul, dass er etwas vergessen hat und antwortet mit tiefer Stimme: „Ich mache das schon."
Als es endlich grün ist, will Sohn Markus gleich losgehen, aber Papa Paul hält ihn zurück. „Erst musst du gucken, ob alle Autos anhalten!" Auch Mama Anna erklärt ihrer Tochter Sonja: „Immer erst der Sicherungsblick!" Sie gehen jetzt durch die Fußgängerzone am Marktplatz. Die Schule ist auf der anderen Straßenseite. „Wir gehen über den Zebrastreifen", entscheidet Paul.
Es nähert sich ein gelber Lieferwagen. Paul schaut den Fahrer an, doch der fährt einfach weiter. Paul ist wütend. Danach kommt ein grünes Auto, das hält vor dem Zebrastreifen an.
Die vier gehen jetzt los. Als sie an dem grünen Auto vorbei sind, will Paul einfach weitergehen.

Mama Anna und Tochter Sonja dagegen schauen ganz auffällig nach links und nach rechts.
Da fällt es Paul wieder ein: „Nochmals schauen, ob keiner das grüne Auto überholt und ob die Autos von der anderen Seite auch anhalten", sagt er zu Sohn Markus.
Zum Schluss gibt Papa für alle ein Eis aus. Das ist das Schönste, finden Paul und Anna. Anna lutscht genüsslich an ihrem Eis. Plötzlich entdeckt sie das Wiesel, das gerade über den Zebrastreifen geht. „Seht mal, das Wiesel, es hat uns zugeschaut", ruft Anna. „Warum soll ein Wiesel uns zuschauen?", fragt Mama. „Weil dieses Wiesel ein ganz besonderes Wiesel ist", erwidert Anna.
„Ja, genau", sagt Paul, „das Wiesel ist jetzt mein Lieblingstier.
Es ist ganz schlau und kennt auch den Tschüss-Auto-Trick."
Mama sieht Paul ungläubig an. „Ja", eifert sich Paul,
„ich sehe es fast jeden Tag und es hat mich schon mal
gerettet". Papa zwinkert Mama zu und
Anna denkt: „Sie glauben Paul nicht so
richtig, dabei stimmt,
was er erzählt."

Der lange Bremsweg

Wieder zu Hause fragt Mama: „Na, Paul, erinnerst du dich noch an den gelben Lieferwagen am Zebrastreifen?" „Na klar, der Blödmann hat nicht angehalten", erwidert Paul. „Der konnte gar nicht anhalten", sagt Mama, „pass mal auf, wir zeigen dir warum."
In diesem Moment fährt Papa schon das Auto aus der Garage. Mama, Anna und Paul stehen in der Einfahrt. Natürlich kommen auch Franca und Olli gleich wieder angerannt. „Wir treffen uns in der Wiesenstraße", ruft Papa. Dort angekommen, erklärt er den Kindern: „Stellt euch vor, dies ist ein Zebrastreifen", und er malt mit Kreide einen dicken Strich auf die Straße. „Wo muss ich wohl anfangen zu bremsen, damit das Auto am Zebrastreifen hält?" Die Kinder einigen sich auf einen Punkt. Papa stellt dort einen Eimer mit einem Fähnchen an den Fahrbahnrand. „Jetzt kanns losgehen", sagt er dann. „Ihr bleibt am Zebrastreifen-Strich stehen! – Dass mir ja keiner von euch losrennt! – Sonja, du winkst, wenn die Straße ganz frei ist."
Mama winkt und passt auf, dass die Kinder nicht zu dicht an der Straße stehen. Papa fährt ziemlich schnell los. Auf der Höhe des Eimers bremst er, die Reifen quietschen, aber das Auto rutscht weiter und bleibt erst weit hinter dem Kreidestrich stehen. Mama platziert dort noch einen Eimer. „Habt ihr das gesehen?", fragt Mama, „ein Autofahrer kann nicht einfach auf die Bremse treten und – zack! – steht das Auto. Ihr seht ja, wie lang der Weg ist." „Das ist der Bremsweg", erklärt Olli. Und Anna sagt: „Genau so war das auch, als Frau Jost wegen Paul bremsen musste."
„Alle, die sich schnell bewegen, haben einen langen Bremsweg", erläutert Papa, „das ist auch beim Laufen oder beim Radfahren so."
Das wollen die Kinder gar nicht glauben.

Aber dann probieren sie es aus – mit dem STOPP-Spiel. Sie sind erstaunt darüber, wie lang der Bremsweg beim Laufen ist. Und als Olli mit seinem Mountainbike ganz schnell fährt, ist sein Bremsweg fast so lang wie der von Papas Auto.

Ein Brief für Papa

"Mama, die Post ist da!", ruft Paul. Als Mama den Briefkasten öffnet, liegt neben der Zeitung auch ein Brief. "Schau, Oma hat geschrieben." "Ich will auch einen Brief schreiben", sagt Paul, "am liebsten an Papa, dann staunt er, wenn er den Briefkasten aufmacht."

"Das ist doch eine tolle Idee", sagt Mama. Paul geht in den Garten, legt sich auf seine Decke und malt seinen Brief. Neben ihm liegt aufgeschlagen sein Verkehrsbuch. Daraus zeichnet er ein Auto ab. Auf einmal fällt ein Schatten auf das Buch. Paul schaut herüber. Da sitzt das Wiesel direkt vor dem Buch und schaut sich die Bilder an. Paul wagt kaum sich zu rühren, aber das Wiesel scheint keine Angst vor ihm zu haben. Es schnuppert an seiner Hand und huscht dann lautlos wieder davon. Als Paul seinen Brief fertig hat, packt er seine Sachen zusammen. Aber wo ist nur der braune Stift geblieben?

So sieht der Brief von Paul aus:
Mama hat beim Schreiben ein wenig geholfen und auch die Adresse auf den Brief geschrieben. Paul klebt die Briefmarke auf. Dann nimmt er seine Tasche, legt den Brief vorsichtig hinein und erklärt: „Ich gehe jetzt zum Briefkasten, ganz allein."
Mama und Anna gehen mit einigem Abstand hinter ihm her. Er überquert die Gutenbergstraße und macht dabei alles richtig. Aber dann erschrickt Mama: „An die Baustelle habe ich überhaupt nicht gedacht!" „Aber Mama, Paul ist doch nicht blöd, der schafft das schon!", beruhigt Anna sie.
Paul bleibt an der Absperrung zur Baustelle stehen. Er schaut zu, wie der Bagger die Erde aus dem Loch hebt und auf dem Erdhaufen wieder abwirft. Er weiß nicht so recht, wie er um die Baustelle herumkommen soll. Da kommt Herr Unger mit seinem Hund. Er umgeht die Baustelle, in dem er die Straßenseite wechselt. Dabei passt er auf, dass kein Auto kommt. Paul beobachtet, wie er sich verhält. Dann macht er es genauso. Mama und Anna können von weitem sehen, wie Paul den Brief in den Postkasten steckt. Als sie ihm entgegengehen, kommt er strahlend auf sie zugerannt.

Ein Bild für das Wiesel

Paul langweilt sich. Er liegt auf seiner Decke im Garten und weiß nicht so recht, was er spielen soll. Eigentlich wartet er nur auf den Abend. Denn dann kommt Papa nach Hause und findet seinen Brief im Briefkasten.

Plötzlich kullert sein brauner Farbstift auf der Decke herum. „Den habe ich doch so lange gesucht", denkt Paul und da sitzt auch schon das Wiesel wieder neben ihm auf der Decke. „Ja, hallo!", sagt Paul. Das Wiesel schaut ihn mit großen Augen an. Dann wispert und piepst es in sein Ohr.

Paul versteht immer: „Ein Wiesel malen!" Aber er kann kein Wiesel malen! Doch dann sagt er: „Warte Wiesel, ich frage Anna!" Und schon flitzt er ins Haus und stürzt in Annas Zimmer. „Mal mir mal ganz schnell ein Wiesel!", ruft Paul atemlos. „Keine Zeit, ich muss Mathe machen", antwortet Anna. „Doch bitte", bettelt Paul, „das Wiesel wartet auf der Decke." „Nun gut", denkt Anna, „wenn er gerade seinen Wieselfimmel hat…!" Und sie malt ein Wiesel, das Männchen macht. „Danke, ganz toll", sagt Paul und stürmt davon.

Als er wieder im Garten ankommt, ist das Wiesel nirgends mehr zu sehen. Aber kaum hat er sich hingesetzt, saust es aus einem Busch heraus auf seine Decke. Paul legt ihm Annas Zeichnung hin. Ganz vorsichtig tapst das Wiesel mit der Pfote auf das Bild und gibt keckernde Laute von sich. „Das Wiesel lacht", denkt Paul, „ja, es freut sich."

Das Wiesel rollt ganz behutsam die Zeichnung zusammen und steckt sie in seinen Rucksack. Dann springt es rasch wieder in die Büsche.

Gerade in diesem Moment hat Anna das Fenster geöffnet. Sie sieht noch, wie das Wiesel über den Rasen rennt. „Das Wiesel hat deine Zeichnung mitgenommen und es hat sich ganz doll gefreut", ruft Paul ihr lachend zu. Anna weiß nicht so recht, ob sie Paul das glauben soll. Der tanzt mittlerweile aufgedreht auf seiner Decke herum und singt: „Heute ist ein toller Tag, heute ist ein Wiesel-Tag, heute ist ein Papa-Tag, …" Anna rollt mit den Augen.

Abends beobachtet Paul gespannt, wie Papa nach Hause kommt und den Briefkasten öffnet. Erstaunt hält er Pauls Brief in der Hand. Dann macht er den Brief auf. Paul sieht wie Papa lächelt. Als Papa ins Haus kommt, hebt er Paul sofort auf den Arm und gibt ihm einen dicken Kuss. Da ist Paul überglücklich.

Der eiserne Erdschaufler

Spät in der Nacht huscht das Wiesel durch den Stadtpark. Es kann nicht schlafen, denn es macht sich große Sorgen. Die Pflöcke, die die Menschen eingeschlagen haben, sind immer noch da.
Zwei schnurgerade Reihen nebeneinander. Schon als das Wiesel sie zum ersten Mal sah, hat es Schlimmes befürchtet. Damals hat es beschlossen, zu den Menschenkindern zu gehen, sie zu beobachten und von ihnen zu lernen.
Das Wiesel läuft weiter zum Springbrunnenteich. Plötzlich bleibt es wie angewurzelt stehen. Vor ihm reißt ein Riesenungeheuer sein gewaltiges Maul auf, ein Maul mit schrecklich großen Zähnen. Aber das Ungeheuer rührt sich nicht. Das Wiesel nimmt seinen ganzen Mut zusammen, schleicht sich vorsichtig an und schnuppert daran. Dieses Ungeheuer riecht nach Eisen und Öl. Jetzt weiß auch das Wiesel: Das ist der eiserne Erdschaufler!
Das Wiesel schaut in seinen gelben Kasten. Es sieht den Park und alle Straßen ringsherum. Jetzt erkennt es auch, was passieren wird, wenn sich der riesige Erdschaufler bewegt. Das macht ihm große Angst.

„Ich muss mich an die Menschenkinder halten", denkt das Wiesel. „Ich habe jetzt schließlich gelernt, ihre Sprache zu verstehen. Der Junge und das Mädchen müssen mir helfen. Besonders der Junge kann mich verstehen und das Mädchen kann Bilder zaubern."

Schulkinder im Platzregen

Frau Walter ist Zeitungsreporterin und immer auf der Suche nach einer guten Story. Als sie heute aus dem Haus kommt, regnet es in Strömen. „Sauwetter!" schimpft sie und steigt in ihr Auto. Sie fährt in die Bahnhofstraße, wo Fotograf Theodorakis Dimas auf sie wartet. Der steigt völlig durchnässt in ihr Auto ein. „Sauwetter!" brummt er vor sich hin. Schwarze Wolken hängen am Himmel, es regnet wie aus Eimern. Mittlerweile ist es so dunkel, dass alle Autos mit Licht fahren.

„Ich werde einen Artikel über das Unwetter schreiben. Los Theo, mach schnell ein paar Fotos!", sagt Frau Walter. Plötzlich stoppt sie. „Da, die Schulkinder, die rennen bestimmt gleich über die Straße!" Herr Dimas zückt seine Kamera. Gelbe Regenmäntel, bunte Schirme und blinkende Flexis leuchten im Scheinwerferlicht. „Ein Glück, dass die Kinder so gut zu erkennen sind", sagt Herr Dimas, „aber ... was ist das für ein Tier? Schon weg. Ich bin gespannt auf die Fotos."

Und so sieht am anderen Morgen der Artikel im Hainstedter Tageblatt aus:

Hainstedter Tageblatt

Lokales

Schulkinder im Platzregen

HAINSTEDT (ewa) Am gestrigen Morgen, als viele Berufstätige und Schulkinder unterwegs waren, ging in Hainstedt ein gewaltiger Wolkenbruch nieder. Innerhalb kürzester Zeit sorgten die Wassermassen für teilweise chaotische Verhältnisse auf den Straßen unserer Stadt.

Leidtragende waren vor allem die Kinder, die auf ihrem Schulweg von den prasselnden Regengüssen überrascht wurden. Aber auch für Autofahrer war es nicht leicht, den Überblick zu behalten. „Die Scheibenwischer waren einfach nicht schnell genug", erzählt die Grundschullehrerin Ebert, die mit ihrem Auto auf dem Weg zur Arbeit in das Unwetter geriet. „Zum Glück nahmen die Autofahrer Rücksicht auf die Schulkinder. Sie sind alle wohlbehalten in der Schule angekommen."

Vorsichtige Fahrweise ist das oberste Gebot bei Regen mit schlechter Sicht. Da die Autofahrer vor dem Regen geschützt sind, sollten sie Geduld mit den Fußgängern haben und generell langsamer fahren.

Helle Kleidung und Reflektoren schützen Kinder, so sind sie auch bei schlechter Sicht für Autofahrer gut erkennbar.

Stets müssen sie damit rechnen, dass Kinder bei solchem Wetter unaufmerksam sind und möglichst rasch ins Trockene gelangen wollen. Kinder sollten zuerst an ihre Sicherheit denken: Auch wenn es wie aus Kübeln schüttet, müssen sie am Bordstein stehen bleiben und aufmerksam nach links und rechts schauen, bevor sie losgehen. Mehr als nass werden können sie nicht!

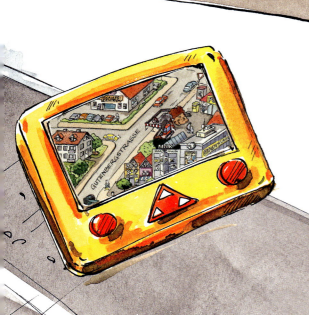

Papa traut seinen Augen nicht.
„Das ist doch…"
Alle beugen sich jetzt über die Zeitung.
„…das ist Anna!", ruft Mama erstaunt.
„Und das Wiesel will sie am Mantel festhalten", sagt Paul.
Mama und Papa sehen sich fragend an.

Gespenster im Hausflur

Mama staunt. Im Hausflur ist es stockfinster. Nur der Lichtstrahl einer Taschenlampe tanzt an der Garderobe hin und her. „Was sind denn hier für Gespenster?", fragt Mama. Da lachen Paul und Anna.

„Das ist ein Experiment", sagt Anna mit wichtiger Miene. „Unsere Lehrerin, Frau Ebert, hat uns das erklärt. An der Garderobe haben wir ganz verschiedene Kleidungsstücke aufgehängt. Wir probieren aus, welche die Autofahrer gut oder schlecht erkennen, wenn sie mit Licht fahren. – Achtung! Jetzt kommt ein Auto mit Licht." Anna richtet den Strahl der Taschenlampe auf die Garderobe.

„Schau, wie die Flexis leuchten", sagt Paul.

Dieses Experiment kannst du auch machen.

Der weiße Hund ist bei Dunkelheit gut zu sehen.

Die graue Katze ist nachts schwer zu erkennen.

Klebe hier die Fußgänger vom Bastelbogen ein, die von Autofahrern gut gesehen werden.

Klebe hier die Fußgänger vom Bastelbogen ein, die von Autofahrern schlecht gesehen werden. Weil sie für die Autofahrer schwer erkennbar sind, müssen sie besonders aufpassen.

Halt Kinder! Auto!

„Mensch, nun mach schon", drängelt Anna. „Ich weiß nicht, wo meine Tasche ist", jammert Paul. Anna ist ungeduldig. Sie hat Paul schon öfter zum Kindergarten gebracht, aber heute Morgen sind sie ziemlich spät dran. Als sie endlich aus dem Haus kommen, nimmt Anna Paul sofort an die Hand, damit es schneller geht. Paul lässt sich unwillig hinterherziehen.
In der Friedrichstraße, an der großen Ampelkreuzung, huscht plötzlich etwas Rotbraunes dicht an ihnen vorbei. „Das Wiesel", quietscht Paul und will anhalten. „Hier an der Straße? So'n Quatsch!", meint Anna. „Los komm, es ist noch Grün." Die beiden rennen so schnell sie können, aber als sie an der Ampel ankommen, zeigt sie schon wieder Rot.
Sie stellen sich zu den anderen Leuten, die schon an der Ampel warten. Anna ist zappelig vor Ungeduld und Paul hat schlechte Laune, weil er sich so hetzen muss.
Neben ihnen geht ein Mann los und überquert rasch die Straße. Da will auch Anna losrennen und zieht Paul am Arm mit sich. Aber sie haben kaum einen Schritt auf die Fahrbahn getan, da ertönt ein greller Pfiff und eine hohe, schrille Stimme „Haalt! Kiiinder! Autooo!". Erschrocken stoppt Anna und schaut auf die Ampel. Die zeigt immer noch Rot. Schnell zieht sie Paul wieder auf den Gehweg zurück. Im gleichen Augenblick rauschen zwei Autos vorbei.
Mit weit aufgerissenen Augen starrt Paul auf die gegenüberliegende Straßenseite. Sitzt da nicht das Wiesel? „Das Wiesel hat Halt gerufen", flüstert er. Anna nickt: „Mir war auch so!" „Aber ein Wiesel kann doch nicht sprechen", stellt Anna fest, „trotzdem haben wir Glück gehabt!" Anna hat es jetzt nicht mehr eilig. „Besser wir kommen zu spät, als überfahren zu werden", denkt sie. Ihr sitzt immer noch der Schreck in den Knochen. „Es ist Grün", ruft Paul. Aber Anna läuft jetzt nicht gleich los, sondern schaut erst nach links und dann nach rechts, bevor sie mit Paul auf die Straße geht. „Erst gucken, ob auch wirklich alle Autos anhalten", sagt sie zu Paul.
Anna bringt Paul bis an die Tür des Kindergartens. „...und es war doch das Wiesel", sagt Paul. Anna nickt. „Ja, du hast recht gehabt. Und ich glaube, es hat uns gerettet", sagt Anna nachdenklich. Da freut sich Paul.

In der Schule hat es schon geläutet, als Anna ins Klassenzimmer kommt. Sie geht zur Lehrerin und erzählt ihr von Pauls Tasche und wie sehr sie sich beeilt haben. Die Lehrerin ist nicht böse: „Es ist toll, dass du deinen kleinen Bruder zum Kindergarten bringst. Und sonst bist du ja auch immer pünktlich", sagt sie und den anderen Kindern erklärt sie: „Wisst ihr, es ist mir viel lieber, ihr kommt ausnahmsweise zu spät, bevor ihr nicht aufpasst und womöglich bei Rot über die Straße rennt."
Da muss Anna wieder an das Wiesel denken: „Wer weiß, was passiert wäre, ...!"

Fotos und Spiele zur Ampel

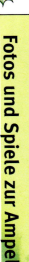

„Das war eine blöde Ampel."

Hier siehst du Ina und Tim an der Ampel. Ina ist Tims Kusine. Er war bei ihr zu Besuch und sie bringt ihn nach Hause. Gleich als Tim zu Hause ankommt, erzählt er seiner Mama, was sie an der Ampel erlebt haben: „Das war eine blöde Ampel. Wir waren noch gar nicht rüber, da war es schon wieder Rot. Ich hab mich ganz doll erschreckt und wollte wieder zurücklaufen. Aber Ina hat gesagt, wir dürfen weitergehen, weil die Ampel ziemlich schlau ist." Tims Mama schaut Ina fragend an. „Ich hab ihm gezeigt, dass die Ampel für die Autos erst Grün wird, wenn wir schon drüben sind", antwortet Ina. „Das ist ja toll, Ina", sagt Tims Mutter anerkennend, „woher weißt du das denn alles?". „Och, von der Schule und Papa hat mir das mit der Ampel auch mal so gezeigt", sagt Tim stolz.

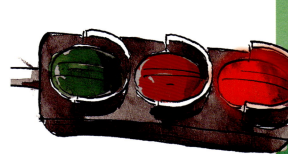

Hier siehst du nochmals, wie Tim erschrocken ist, weil das grüne Männchen verschwand und das rote kam. Tim und Ina sollen einfach weitergehen. Aber da kommt Phil gerade angelaufen. Ina weiß Bescheid.

Weißt du, was er tun soll?

Stehen bleiben oder noch rüber laufen?
Was würdest du an Phils Stelle machen?
Schneide die richtige Lösung aus dem Bastelbogen aus und klebe sie in die freie Stelle.

Die Ampel-Wette

Wenn ihr denkt, die Wartezeit an der Ampel sei doch ein bisschen lang und langweilig, könnt ihr dieses Spiel machen – zu mehreren oder auch allein. Schließt eine Wette ab: Wie viele Autos werden an euch vorbeifahren, während ihr an der Ampel warten müsst? Jeder Mitspieler sagt eine Zahl. Dann zählt ihr die Autos, bis die Ampel für Fußgänger Grün zeigt.
Zur Abwechslung könnt ihr auch raten, wie viele blaue oder rote Autos vorbeifahren werden.

Ist dir das auch schon mal passiert?

Du denkst: Wir haben doch Grün!
Warum fährt das Auto hier? Und Papa nickt dem Autofahrer auch noch freundlich zu.

Hier siehst du, warum das so ist. Die Fußgänger und die Autofahrer haben Grün. Die Autos, die geradeaus fahren, stören die Fußgänger nicht. Aber die Autos, die rechts abbiegen wollen, müssen die Fußgänger durchlassen.
Du musst aber damit rechnen, dass auch Autofahrer mal einen Fehler machen und nicht anhalten.
Der eine hat es vielleicht schrecklich eilig. Ein anderer schaut gerade nach Wegweisern oder spricht mit seinen Kindern auf dem Rücksitz.
Also, immer schauen ob alle Autos anhalten – erst (hin)sehen, dann losgehen!

Das Wartezeit-Experiment

SPIEL TIPP !!

Stellt euch so hin, dass ihr andere Fußgänger nicht stört.
Ihr braucht eine Uhr mit Sekundenzeiger. Nun schaut, wie viele Sekunden es dauert, bis das Grünmännchen kommt.
Sind es 30 oder 40 oder 60 Sekunden? Ist das eine kurze oder lange Zeit?
Zu Hause könnt ihr das ausprobieren. Was kann man in dieser Zeit machen?
- Wie oft könnt ihr euren Namen schreiben oder die ganze Adresse?
- Könnt ihr „Hänschen klein" oder „Ein Männlein steht im Walde" zu Ende singen?
- Könnt ihr so lange auf einem Bein stehen?

Sicher fällt euch noch viel mehr ein, was ihr ausprobieren könnt.
Und – ist die Wartezeit lang oder kurz?

Der allerliebste Besuch

„Die Ferien fangen doch schon toll an", denkt Anna, „die Sonne scheint den ganzen Tag und Oma und Opa sind gekommen und bleiben eine ganze Woche da."

„Ihr seid der allerliebste Besuch", sagt Paul zu Oma. Und Anna fällt ihrem Opa um den Hals: „Prima, was ihr uns alles mitgebracht habt!" Paul hat seinen neuen Schulranzen auf dem Rücken und läuft stolz durch die ganze Wohnung. Anna probiert ihre neuen Skates und die Hand-, Ellbogen- und Knieschützer aus. An Opas Hand fährt sie strahlend den Hausflur entlang.

„Wir fahren morgen in den Zoo", erzählt Anna begeistert ihren Eltern, „mit Oma und Opa nach Friedrichsburg."

„Und Franca darf auch mit", ruft Paul dazwischen. Mama fragt Oma und Opa: „Aber ist das nicht zu viel nach der weiten Fahrt heute?"

„Nö", sagt Opa, „Oma und ich haben uns überlegt, dass wir ganz gerne mit der Bahn fahren würden. Das macht den Kindern doch sicherlich auch Spaß. So bleiben wir nicht im Stau stecken und wir müssen uns auch nicht lange auf Parkplatzsuche begeben." „Ja", sagt Oma, „mit dem Auto fahren wir nur bis zum Bahnhof, dann steigen wir in den Zug nach Friedrichsburg und dort mit der U-Bahn zum Zoo". Anna und Paul klatschen begeistert in die Hände.

Am anderen Morgen frühstücken alle gemeinsam am großen Küchentisch. Mama und Papa müssen dann zur Arbeit fahren. Franca kommt angerannt mit ihrem Kuschelhund und ihre Mama bringt den Kindersitz mit. Da fällt Anna ein, dass sie ihre Kindersitze ja auch brauchen.

Schnell rennt sie hinter den Eltern her. „Halt!", ruft sie, „unsere Kindersitze." Papa und Mama bringen die Sitze zum Auto der Großeltern. Opa macht die Kindersitze fest und schnallt die Kinder an.

Auf der Fahrt zum Bahnhof sagt Oma zu Anna: „Gut, dass du noch an eure Kindersitze gedacht hast." „Aber wir hätten doch auch ohne Sitze fahren können", meint Paul. „Nein", sagt Opa, „ohne Kindersitz und ohne Gurt kann schon etwas passieren, wenn man nur mal stark bremsen muss."

Dann sagt Oma, die am Lenkrad sitzt: „Die Straße ist frei, ich bremse mal! – Achtung jetzt!" Anna und Paul spüren einen kräftigen Ruck, aber sie werden von den Gurten im Sitz gehalten. Doch Hugo, Francas Kuschelhund, fliegt von ihrem Schoß nach vorn.

„Ein Kind, das nicht angeschnallt ist, hat keinen Halt. Es wird wie Hugo nach vorn geschleudert. Und wir sind gar nicht schnell gefahren. Es ist höchst gefährlich, wenn Eltern ihre Kinder ohne Kindersitz und Gurt mitfahren lassen," erklärt Opa.

Mit der Bahn zum Zoo

„Das ist klasse mit Opa am Zugfenster zu sitzen", denkt Paul, „Opa weiß so viel." Zu allem was sie sehen, kann Opa ihm noch etwas erzählen: Da ist der Kanal mit der Schleuse, die Windräder, die Strom erzeugen, ein kleiner Flugplatz mit Segelflugzeugen.
Oma geht mit Paul und Franca in den Bistro-Wagen. Dazu müssen sie durch den halben Zug laufen. Aber sie bekommen dort eine Limo und auch für Anna nehmen sie eine mit.
Ihre Sitzplätze liegen gegenüber und haben in der Mitte einen Tisch. Paul und Franca finden das besonders toll. So können sie mit Oma Karten spielen. Die beiden freuen sich diebisch, weil Oma immer verliert.

„Wir sind gleich da", sagt Opa und alle drei Kinder rufen fast gleichzeitig „Schade!". Beim Aussteigen hören sie eine Stimme aus dem Lautsprecher: „Willkommen in Friedrichsburg! Ihr Zug am Gleis 3 endet hier, bitte alle Fahrgäste aussteigen!"
Paul will auf dem Bahnsteig gleich zur Lokomotive rennen. Aber Oma hält ihn fest: „Hier müssen wir dicht zusammenbleiben. Schau, die vielen Leute – da kann ein Kind leicht verloren gehen." Opa sagt: „Ich sehe mir auch so gerne Lokomotiven und Züge an. Wir schauen uns mal ein bisschen um." „Au ja!", ruft Paul, „ich will zu dem roten Zug!" Mit der Rolltreppe fahren sie erst hinunter und dann zum anderen Gleis wieder hinauf. „Die Wagen sind zweistöckig", stellt Anna fest, „da können Leute unten und oben sitzen."
Am Nebengleis kommt gerade ein ICE an, ein weißer Zug mit einem roten Streifen. Paul ist beeindruckt. „Man sieht schon an der Form, dass es ein schneller Zug ist", sagt Opa. Franca schaut mit offenem Mund zur Lokomotive hoch.
Als sie durch die Bahnhofshalle gehen, staunt Anna über die vielen Geschäfte: „Das ist ja eine richtige Einkaufsstraße!" Draußen vor dem Bahnhof ist ein großer Platz und daneben ist der Busbahnhof. So viele Busse hat Paul noch nie gesehen!

„So, jetzt müssen wir zur U-Bahn", sagt Oma, „Linie 2 fährt zum Zoo." Wieder fahren sie eine Rolltreppe hinunter. Die Bahn fährt gerade ein. Als sie schon auf ihren Plätzen sitzen, erklärt Opa: „Die U-Bahn fährt in einem langen Tunnel unter den Häusern und Straßen durch bis zum Zoo."
Nach einem aufregenden Tag im Zoo sitzen sie abends wieder im Zug nach Hainstedt. „Na", fragt Opa, „welches Tier hat euch denn am besten gefallen?" Anna war von den Giraffen mit ihren langen Wimpern beeindruckt. Franca findet: „das Gorillababy ist so süüüß." Und Paul sagt: „Mein Lieblingstier ist das Nilpferd und jetzt auch das Wiesel!" „Aber es gab doch gar kein Wiesel im Zoo", stellt Oma fest. „Nein, aber in Hainstedt!", entgegnet Paul stolz.

Mit den Skates unterwegs

Anna möchte ihre Inline-Skates ausprobieren, die sie von Oma und Opa bekommen hat. Sie ist schon ganz aufgeregt, denn Olli kommt heute Nachmittag vorbei. Er hat seine Skates schon etwas länger und kann ihr einiges zeigen. „Hey Anna!", ruft er, „Anfängerin – von Kopf bis Fuß geschützt!" „Na und, Skates und Schützer gehören doch zusammen, aber bei dir wohl nicht." „Olli hat nur seinen Helm auf. Sie fahren ein wenig auf Baumanns Einfahrt hin und Olli ist mit Annas Fortschritten zufrieden. „Komm, wir drehen mal eine Runde um den Block", sagt er. Sie fahren nebeneinander auf dem Gehweg von der Gartenstraße durch die Gutenbergstraße. Das Einbiegen in den Heckenweg schafft Anna nur ganz knapp. Und hinter der Kurve kommt ihnen Frau Ötzdem, Aischas Mutter, mit dem Kinderwagen entgegen. Jetzt wird es eng beim Ausweichen und Olli stößt mit Anna zusammen. Anna fällt hin und rutscht auf Knien und Händen weiter. Olli kann sich noch ein Stück auf den Beinen halten, dann schrammt er am Gartenzaun entlang. Zum Glück kann er sich daran festhalten. Frau Ötzdem konnte gerade noch mit dem Kinderwagen ausweichen. Sie ist vor Schreck ganz blass geworden.
Auf der Straße nähert sich Frau Lindner mit dem Fahrrad. Sie ist Annas Sportlehrerin. Frau Lindner hat alles gesehen, steigt vom Fahrrad ab und sagt: „Da habt ihr aber mehr Glück als Verstand gehabt, besonders Olli ohne Schützer. Annas Falltechnik war ja gar nicht schlecht. Aber was meint ihr, wie das ohne Schützer ausgegangen wäre!" Olli und Anna sehen verlegen auf den Boden. „Wisst ihr was, ihr beiden", sagt Frau Lindner freundlich, „Skater sollten zuerst mal richtig bremsen üben, bevor sie die Gehwege unsicher machen. Kommt doch morgen Nachmittag um vier mal zu unserer Skater-Anlage. Da machen wir Training für Anfänger und Fortgeschrittene – natürlich nur mit Schutzausrüstung. Aber fürs erste, Olli, kannst du sie auch ausleihen. Also dann bis morgen!"

SKATER & SCOOTER SCHULE

Sieh dir Olli mal genauer an. Er hat sich eine Schutzausrüstung von Frau Lindner ausgeliehen.
Nun weiß auch er, dass Schutzausrüstung und Skaten immer zusammengehören.
Auch Scooter-Fahrer sollten eine komplette Schutzausrüstung anziehen, bevor sie mit ihrem Roller losfahren.

- Helm
- Ellenbogenschützer
- Handgelenkschützer
- Knieschützer

Olli weiß nicht, wie er die Schutzausrüstung anziehen soll. Kannst du ihm helfen?
Schneide einfach die Einzelteile der Schutzausrüstung auf dem Bastelbogen aus und klebe sie an die richtigen Stellen.

BASTEL TIPP!!

1. POSITION:

Erst die richtige Position sorgt für echten Fahrspaß. Sie ist auch die Grundlage für alle anderen Übungen, die unbedingt notwendig sind, wenn du sicher skaten oder scooten willst.

Am besten skatest du, wenn du deine Füße etwas auseinander stellst und leicht in die Knie gehst. Den Oberkörper beugst du dabei ein wenig nach vorn.

Der Lenker deines Scooters sollte so eingestellt sein, dass du bequem mit geradem Rücken fahren kannst. Wechsle beim Fahren öfter das Kick-Bein.

2. BREMSEN:

Bevor du mit deinen Skates oder deinem Scooter auf die Straße fährst, musst du richtig bremsen können. Denn das Fahren ohne Bremsübungen ist nicht nur für dich, sondern auch für andere sehr gefährlich. Beim Skaten haben sich zwei Bremstechniken für Fahranfänger bewährt: der **Heel-Stop** und der **T-Stop**. Beide Bremstechniken solltest du zuerst im Stand üben.

Der **Heel-Stop** geht so: Gehe etwas in die Knie, nimm die Arme und den Bremsfuß nach vorn. Nun brauchst du nur noch die Zehenspitzen etwas anzuheben, bis der Stopper an deinen Skates den Boden berührt.

Der **T-Stop**: Verlagere zunächst dein Gewicht auf das vordere Bein und beuge den Oberkörper nach vorn. Anschließend drehe den hinteren Fuß um 90 Grad. Wenn du ihn jetzt mit den Rollen leicht über den Boden schleifen lässt, wird deine Fahrt allmählich abgebremst.

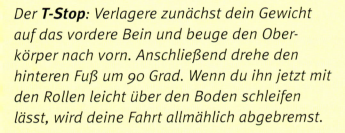

Deinen Roller bremst du entweder durch das Treten auf das Schutzblech des Hinterrades oder durch Betätigen der Tritt- bzw. der Handbremse. Vor der ersten Fahrt solltest du dich gut mit den Bremsen vertraut machen. Prüfe auch ab und zu, ob die Bremsen an deinem Roller noch richtig funktionieren.

3. FALLEN:

Wie das richtige Bremsen gehört auch das richtige Fallen zum Fahren. Übe es zunächst ohne Skates, bis du das Fallen sicher beherrschst. Für Fahranfänger ist besonders diese Methode geeignet: Lass dich nach vorn auf die Knieschützer fallen. So rutschst du auf den Knieschützern, bis du anhältst. Wenn du beim Rutschen doch nach vorn fällst, dann stütze dich mit ausgestreckten Armen auf deinen Handgelenkschützern ab. Nimm dabei die Fingerspitzen nach oben, damit nur die Schützer den Boden berühren.

Das Geheimnis des Wiesels

Paul sitzt im Garten. Neben ihm steht sein neuer Schulranzen. Er holt all die Sachen heraus, die er morgen mit in die Schule nehmen darf: die schönen Hefte, das rote Mäppchen mit den Stiften und die Blechschachtel mit der Wachsmalkreide. Plötzlich springt das Wiesel auf sein Bein und nimmt sich ein Stück rote Wachskreide. Es piepst leise und hüpft wieder davon. Paul begreift. Sofort saust er hinterher. Das Wiesel läuft zum Gehweg und macht einen Strich auf den Bordstein. Dann richtet es sich auf, dreht den Kopf nach links und nach rechts. Dabei piepst es die ganze Zeit, als wollte es Paul etwas erzählen. Schon läuft es weiter unter ein geparktes Auto. Es legt den Schwanz an ein Rad, streckt den Kopf nach vorn und schaut auf die Straße. Dann läuft es wieder auf Paul zu und wispert ganz aufgeregt. Paul versteht endlich: „Anna soll das malen?"
Das Wiesel nickt ganz heftig mit dem Kopf.
„Aber warum denn?", fragt Paul. Wieder piepst und wispert das Wiesel aufgeregt und Paul versteht „Wieselkinder".
„Ach, für die Wieselkinder sollen die Bilder sein. Wie viele sind es denn?", fragt Paul. Das Wiesel hält beide Pfoten hoch. Paul begreift: „Zehn!" Wieder nickt das Wiesel. Mit der Kreide malt es auf den Gehweg etwas Viereckiges und gibt Laute von sich: „Prrk, Prrk, Paarrk." Endlich versteht Paul, dass das der Stadtpark sein soll. Dann zieht das Wiesel zwei parallele Striche durch den Park. Paul sieht das Wiesel fragend an. Er versteht nicht. Das Wiesel rennt davon und Paul bleibt grübelnd stehen.
Endlich kommt Anna aus dem Schwimmbad zurück. Paul springt gleich ganz aufgeregt auf Anna zu. „Du musst das Wiesel malen beim Tschüss-Auto-Trick und wie es auf den Verkehr achten muss." „Was ist denn das für eine Zeichnung hier auf dem Weg", fragt Anna. „Das ist der Stadtpark", sagt Paul. Anna tippt mit dem Fuß auf die beiden Linien: „Und dann ist das wohl die Straße, die sie jetzt durch den Park bauen?"

Da wird es Paul endlich klar, was das Wiesel ihm sagen wollte: „Die Wieseljungen müssen lernen auf den Verkehr zu achten, weil sie jetzt eine Straße überqueren müssen."
„Ja, und das Wiesel hat uns die ganze Zeit beobachtet, um von uns zu lernen", bemerkt Anna.
Anna malt sofort die Wieselbilder. „Die sind ja super!", findet Paul, doch da fällt ihm ein, dass sie ja jeweils zehn davon brauchen. „Da muss uns Mama mit dem Computer helfen", sagt Anna.

Anna erklärt Mama, dass sie zehn Kopien von den Bildern brauchen. „Die Tiere im Stadtpark müssen lernen, wie sie über die Straße kommen", sagt Anna. Mama ist begeistert. Sie glaubt wohl, das ist nur eine Spielidee, denkt Anna. Mama scannt Annas Zeichnungen ein und verkleinert sie. Paul und Anna staunen über die niedlichen Wieselbilder, die aus dem Drucker kommen. Anna schneidet sie aus und Paul legt sie auf seine Decke im Garten. Nach kurzer Zeit kommt das Wiesel angerannt, schnappt sich die Bilder und springt keckernd davon.
Mama erzählt Papa abends, dass die Kinder jetzt Bilder zur Verkehrserziehung an die Tiere im Stadtpark verteilen, weil dort die neue Straße gebaut wird. Sie sagt: „ Ich bin zwar froh, dass dann nicht mehr soviele Autos durch die Gartenstraße fahren. Aber an die Tiere hat niemand gedacht." „An welche Tiere denn?", fragt Papa lachend. „An die Wiesel natürlich!", sagt Paul ernsthaft.

Pauls erster Schultag

Paul ist früh aufgewacht und gleich aus dem Bett gesprungen. Heute ist ein ganz besonderer Tag: sein erster Schultag. Er kann kaum in Ruhe frühstücken. Er will endlich zur Schule, zu seiner Schule. Aber Papa will zuerst noch ein paar Fotos machen. Paul steht ganz stolz mit seiner Schultüte und dem neuen Ranzen vor dem Haus. Anna soll sich auch dazustellen. Gerade geht Herr Unger mit seinem Hund durch die Gartenstraße und ruft ihnen zu: „Da kann ich ja gleich noch ein Foto von der ganzen Familie Baumann machen – an so einem wichtigen Tag!"

Endlich kann es losgehen. Paul läuft fröhlich vor Mama und Papa her und zeigt, wie gut er seinen Schulweg kennt. Unterwegs erzählt Anna voller Stolz: „Unsere ganze Klasse hat für heute ein Tanzspiel eingeübt. Am Schluss dürfen dann alle Erstklässler mittanzen."

Als die Vier die Gutenbergstraße überquert haben, knufft Anna Paul in die Seite: „Hey, Paul, sieh mal da!" Pauls Augen leuchten. Er erkennt am Bordstein kleine rote Striche. „Die sind mit meiner Wachsmalkreide gemalt", flüstert er Anna zu. Sein Gesicht beginnt zu strahlen. Quietschvergnügt hüpft er voraus und singt nach einer eigenen Melodie: „Sie üben! Sie üben! Die kleinen Wiesel üben!"

Mama und Papa schauen sich lächelnd an. Aber nur Paul und Anna sehen am Rande des Stadtparks ein Wiesel inmitten zehn kleiner Wiesel, die vergnügt herumspringen und lauthals keckern und piepsen.

Bastelanleitung

Wenn der Brief auf der Rückseite fertig ist:

und zusammendrücken

Klebefläche

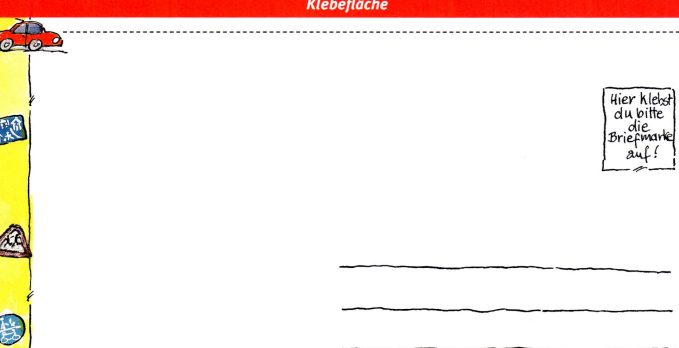

Hier klebst du bitte die Briefmarke auf!

Klebefläche

Bastelbogen

Zu den Fotoseiten „Spielen und Radfahren – aber wo?"

Zur Geschichte „Ein Riesenschreck"

Zu den Ampel-Fotoseiten

Zu den Seiten „Gespenster im Hausflur"

Zu den Seiten „SKATER & SCOOTER SCHULE"

Bastelanleitung

1.
2.
3.

Zur Geschichte „Verlaufen"

Zu den Fotoseiten „Spielen und Radfahren – aber wo?"

Verkehrszeichen-Kreisel

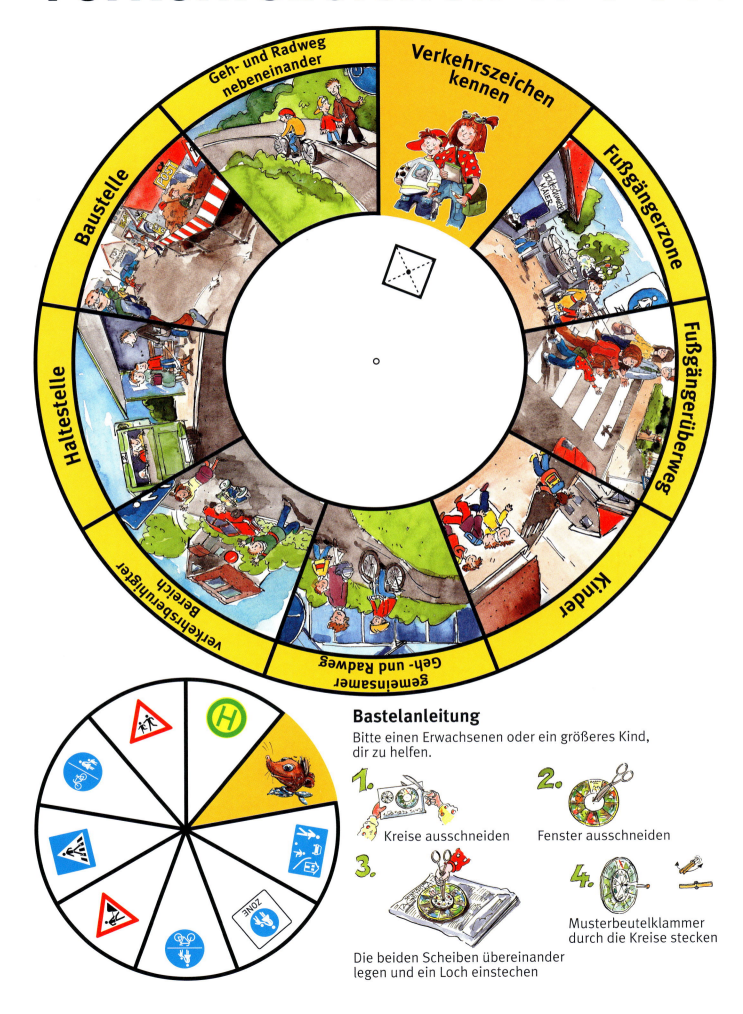

© 2002 DEGENER Lehrmittel GmbH

So funktioniert der Verkehrszeichen-Kreisel:

1. Suche dir ein Verkehrszeichen auf der kleinen Scheibe aus.
2. Drehe die kleine Scheibe so lange, bis du das passende Bild gefunden hast.
3. Wenn du es richtig gemacht hast, erscheint im Fenster auf der Rückseite das **gleiche** Verkehrszeichen.
   In dem äußeren Ring steht der Name des Verkehrszeichens.

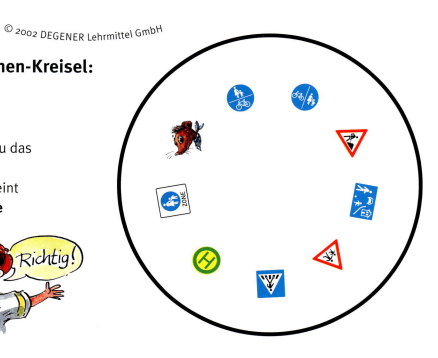

Ein Blick auf den Inhalt

Verlaufen
Wohnumgebung kennen lernen, sich orientieren, Adresse und Telefonnummer.
Anregung: Spaziergang im Wohngebiet; Adressenanhänger basteln.

Hainstedt
Einführung in das „Lesen" von Plänen und Karten.
Alle Handlungsorte und die Wohnungen aller Personen sind aufzufinden.

Pauls Geburtstag
Nicht spontan auf die Straße laufen – keine Angst um den Ball.
Spiel-Tipp: Wenn der Ball auf die Straße rollt.

Spielen und Radfahren – aber wo?
Welche Spiele sind an welchen Orten (nicht) geeignet?
Wo fahren Kinder Rad? Geh- und Radwege und ihre Verkehrszeichen.
Kärtchen aus dem Bastelbogen zuordnen und einkleben.

Der Warnschrei
Gehweg-Begegnungen: richtig Ausweichen, Vorsicht und Rücksicht.
Gefahr an Ausfahrten: Sehen und (nicht) gesehen werden.

Ein Riesenschreck
Gefahr beim Überqueren zwischen parkenden Autos: nichts sehen, nicht gesehen werden.

Der Tschüss-Auto-Trick
Eine kindgerechte Methode für das Überqueren zwischen parkenden Autos.
Mit Erwachsenen: Experiment im Auto – Kind erlebt die Fahrersicht.

Pauls Schulweg
Gemeinsames Abgehen des Schulwegs: Einmündung, Druckknopfampel, Zebrastreifen und Sicherungsblick. Anregung: Rollentausch mit dem Kind.

Der lange Bremsweg
Bremswege erleben. Mit Erwachsenen: Bremsweg mit Auto demonstrieren.
STOPP-Spiele: Kinder erleben den eigenen Bremsweg.

Ein Brief für Papa
Erster Alleingang mit unerwarteter Veränderung (Baustelle).
Selbst einen Brief an eine Bezugsperson basteln, malen, schreiben.
(Erfolgsbestätigung für „das kann ich" und Selbstständigkeit)